1

Bibliographische Information der deutschen Nationalbibliothek:

Die deutsche Nationalbibliothek verzeichnet diese Publikation in der deutschen Nationalbibliographie; detaillierte bibliographische Daten sind im Internet unter http:// dnb.dnb.de abrufbar.

© 2.überb. und erw. Auflage 2019 Niklas Discher (Hrsg.)

Herstellung und Verlag:
BoD- Books on Demand, Norderstedt

ISBN: 9783748112112

Zur Textgestaltung: Teilweise wurden Aktualisierungen hinsichtlich der heutigen sprachlichen Gepflogenheiten vorgenommen.

# Fremdheitserfahrungen in lyrischen Texten

Lyrik vom Barock bis zur Gegenwart,
Einführungsphase Deutsch

3

## I.    **Inhalt**

## II.      Vorwort des Herausgebers
### „Der ist nicht fremd, wer teilzunehmen weiß."
### *Johann Wolfgang von Goethe*

Überlegungen zu Heimat und Fremde sind in Zeiten einer sich verkleinernden, globalisierten Welt, fast schon zu verstaubten Relikten vergangener Zeiten geworden, wäre nicht durch die sogenannte Flüchtlingskrise des Jahres 2015 die Thematik der Fremdheit , des Zuzuges und der Heimat wieder so in den Blickpunkt der (gesellschaftlichen) Betrachtung und Diskussion gerückt. Umso wichtiger scheint es, dass interkulturelle Bildung auch in den Literaturuntersuchungen des Deutschunterrichtes Einzug hält.

Die vorliegende Textsammlung „Fremdheitserfahrungen in lyrischen Texten" will diese Auseinandersetzung mit dem kulturell Anderen anbahnen, Werte der Heimat vermitteln, die Schwierigkeit des Aufbruches beleuchten und die Folgen des Lebens in der Fremde skizzieren.  Dabei wird vom Herausgeber ein bewusst weiter Rahmen von der Barocklyrik bis in die Gegenwart gespannt, um die mannigfaltigen Assoziationen kaleidoskopartig in Abhängigkeit von historischen und geistesgeschichtlichen Perspektiven zu untersuchen ([...] Und wie weiß man denn, für welchen Erdkloß man geboren/ Wenn man's für den nicht ist, auf welchem man Geboren?", *G.E. Lessing: Nathan der Weise*).

*„Fremdheitserfahrungen in lyrischen Texten" Lyrik vom Barock bis zur Gegenwart* entspricht den Empfehlungen des Lehrplans der Einführungsphase Deutsch. Die 2. überb. und erw. Auflage 2019 ergänzt dabei das Textspektrum um einige Texte und fügt dem Band ein völlig neues Themenkapitel unter der Überschrift „die/das Fremde in mir: Ich-Suche" hinzu.

Der Herausgeber: Niklas Discher, Abitur an einem staatlich anerkannten privaten Gymnasium; Studium Germanistik/ Historik (Sek.II) in Wuppertal.

## II.    Zugänge

*M1:* **Zitate**

Der, welcher in ein Land reist, bevor er einige Kenntnisse von dessen
Sprache hat, geht in die Schule und nicht auf Reisen.
Francis Bacon (1561 - 1626)


Alles Leiden des Menschen kommt davon, dass er nicht ruhig auf seinem
Zimmer bleiben kann.
Blaise Pascal (1623-1662)


Wie köstlich ist es, einem Freunde, der auf eine kurze Zeit verreisen will,
ein kleines Geschenk zu geben, sei es nur ein neuer Mantel oder eine
Waffe!
Johann Wolfgang von Goethe (1749 - 1832)


Erst die Fremde lehrt uns, was wir an der Heimat haben.
Theodor Fontane (1819 - 1898)


Fremd ist in der Fremde nur der Fremde.
Karl Valentin (1882 - 1948)


*M2:* **Heinrich Heine: Deutschland. Ein Wintermärchen (1844)**

Im traurigen Monat November war's,
Die Tage wurden trüber,
Der Wind riss von den Bäumen das Laub,
Da reist ich nach Deutschland hinüber.
Und als ich an die Grenze kam,
Da fühlt ich ein stärkeres Klopfen

In meiner Brust, ich glaube sogar
Die Augen begannen zu tropfen.
Und als ich die deutsche Sprache vernahm,
Da ward mir seltsam zumute;
Ich meinte nicht anders, als ob das Herz
Recht angenehm verblute.
Ein kleines Harfenmädchen sang.
Sie sang mit wahrem Gefühle
Und falscher Stimme, doch ward ich sehr
Gerühret von ihrem Spiele.
Sie sang von Liebe und Liebesgram,
Aufopf'rung und Wiederfinden
Dort oben, in jener besseren Welt,
Wo alle Leiden schwinden.
Sie sang vom irdischen Jammertal,
Von Freuden, die bald zerronnen,
Vom jenseits, wo die Seele schwelgt
Verklärt in ew'gen Wonnen.
Sie sang das alte Entsagungslied,
Das Eiapopeia vom Himmel,
Womit man einlullt, wenn es greint,
Das Volk, den großen Lümmel.
Ich kenne die Weise, ich kenne den Text,
Ich kenn auch die Herren Verfasser;
Ich weiß, sie tranken heimlich Wein
Und predigten öffentlich Wasser.
Ein neues Lied, ein besseres Lied,
O Freunde, will ich euch dichten!
Wir wollen hier auf Erden schon
Das Himmelreich errichten.
Wir wollen auf Erden glücklich sein,
Und wollen nicht mehr darben;
Verschlemmen soll nicht der faule Bauch,
Was fleißige Hände erwarben.

Es wächst hienieden Brot genug
Für alle Menschenkinder,
Auch Rosen und Myrten, Schönheit und Lust,
Und Zuckererbsen nicht minder.
Ja, Zuckererbsen für jedermann,
Sobald die Schoten platzen!
Den Himmel überlassen wir
Den Engeln und den Spatzen.
Und wachsen uns Flügel nach dem Tod,
So wollen wir euch besuchen
Dort oben, und wir, wir essen mit euch
Die seligsten Torten und Kuchen.
Ein neues Lied, ein besseres Lied!
Es klingt wie Flöten und Geigen!
Das Miserere ist vorbei,
Die Sterbeglocken schweigen.
Die Jungfer Europa ist verlobt
Mit dem schönen Geniusse
Der Freiheit, sie liegen einander im Arm,
Sie schwelgen im ersten Kusse.
Und fehlt der Pfaffensegen dabei,
Die Ehe wird gültig nicht minder –
Es lebe Bräutigam und Braut,
Und ihre zukünftigen Kinder!
Ein Hochzeitkarmen ist mein Lied,
Das bessere, das neue!
In meiner Seele gehen auf
Die Sterne der höchsten Weihe –
Begeisterte Sterne, sie lodern wild,
Zerfließen in Flammenbächen –
Ich fühle mich wunderbar erstarkt,
Ich könnte Eichen zerbrechen!
Seit ich auf deutsche Erde trat,
Durchströmen mich Zaubersäfte –

Der Riese hat wieder die Mutter berührt,
Und es wuchsen ihm neu die Kräfte.


*M3*:  **Stefan Zweig: Die Welt von gestern (1942)**

Mein literarisches Werk ist in der Sprache, in der ich es geschrieben, zu Asche gebrannt worden, in eben demselben Lande, wo meine Bücher Millionen Leser sich zu Freunden gemacht. So gehöre ich nirgends mehr hin, überall Fremder und bestenfalls Gast; auch die eigentliche Heimat, die mein Herz sich erwählt, Europa, ist mir verloren, seit es sich zum zweitenmal selbstmörderisch zerfleischt im Bruderkriege. [...]



## III.     Texte


### Andreas Gryphius: Abend (1636)

Der schnelle Tag ist hin / die Nacht schwingt ihre Fahn /
Und führt die Sternen auf. Der Menschen müde Scharen
Verlassen feld und werck / Wo Thier und Vögel waren
Trawert itzt die Einsamkeit. Wie ist die zeit vertan!
Der port naht mehr und mehr sich / zu der glieder Kahn.
Gleich wie diß licht verfiel / so wird in wenig Jahren
Ich / du / und was man hat / und was man siht / hinfahren.
Dies Leben kömmt mir vor als eine renne bahn.
Lass höchster Gott mich doch nicht auff dem Lauffplatz gleiten
Lass mich nicht ach / nicht pracht / nicht lust / nicht angst verleiten.
Dein ewig heller Glanz sei vor und neben mir /
Lass / wenn der müde Leib entschläft / die Seele wachen /
Und wenn der letzte Tag wird mit mir abend machen /
So reiß mich aus dem Thal der Finsternis zu dir.

**Friedrich Hölderlin: Die Heimat (1798)**

Froh kehrt der Schiffer heim an den stillen Strom,
Von Inseln fernher, wenn er geerntet hat;
So käm auch ich zur Heimat, hätt ich
Güter so viele, wie Leid, geerntet.

Ihr teuren Ufer, die mich erzogen einst,
Stillt ihr der Liebe Leiden, versprecht ihr mir,
Ihr Wälder meiner Jugend, wenn ich
Komme, die Ruhe noch einmal wieder?

Am kühlen Bache, wo ich der Wellen Spiel,
Am Strome, wo ich gleiten die Schiffe sah,
Dort bin ich bald; euch, traute Berge,
Die mich behüteten einst, der Heimat

Verehrte sichre Grenzen, der Mutter Haus
Und liebender Geschwister Umarmungen
Begrüß ich bald und ihr umschließt mich,
Daß, wie in Banden, das Herz mir heile,

Ihr Treugebliebnen! aber ich weiß, ich weiß,
Der Liebe Leid, dies heilet so bald mir nicht,
Dies singt kein Wiegensang, den tröstend
Sterbliche singen, mir aus dem Busen.

Denn sie, die uns das himmlische Feuer leihn,
Die Götter schenken heiliges Leid uns auch,
Drum bleibe dies. Ein Sohn der Erde
Schein ich; zu lieben gemacht, zu leiden

**Joseph von Eichendorff: Abschied (1810)**

O Täler weit, o Höhen,
O schöner, grüner Wald,
Du meiner Lust und Wehen
Andächt'ger Aufenthalt!
Da draußen, stets betrogen,
Saust die geschäft'ge Welt,
Schlag noch einmal die Bogen
Um mich, du grünes Zelt!

Wenn es beginnt zu tagen,
Die Erde dampft und blinkt,
Die Vögel lustig schlagen,
Daß dir dein Herz erklingt:
Da mag vergehn, verwehen
Das trübe Erdenleid,
Da sollst du auferstehen
In junger Herrlichkeit!

Da steht im Wald geschrieben
Ein stilles, ernstes Wort
Von rechtem Tun und Lieben,
Und was des Menschen Hort.
Ich habe treu gelesen
Die Worte, schlicht und wahr,
Und durch mein ganzes Wesen
Wards unaussprechlich klar.

Bald werd ich dich verlassen,
Fremd in der Fremde gehn,
Auf buntbewegten Gassen
Des Lebens Schauspiel sehn;
Und mitten in dem Leben
Wird deines Ernsts Gewalt

Mich Einsamen erheben,
So wird mein Herz nicht alt.


**Ludwig Uhland: Abreise (1815)**

 So hab ich nun die Stadt verlassen,
Wo ich gelebet lange Zeit;
Ich ziehe rüstig meiner Straßen,
Es gibt mir niemand das Geleit.

Man hat mir nicht den Rock zerrissen,
Es wär auch schade für das Kleid!
Noch in die Wange mich gebissen
Vor übergroßem Herzeleid.

Auch keinem hat's den Schlaf vertrieben,
Dass ich am Morgen weitergeh;
Sie konnten's halten nach Belieben,
Von einer aber tut mir's weh.


**Bettina von Arnim: Heimat (1820)**

Auf diesen Hügeln überseh ich meine Welt!
Hinab ins Tal, mit Rasen sanft begleitet,
Vom Weg durchzogen, der hinüberleitet,
Das weiße Haus inmitten aufgestellt,
Was ist's, worin sich hier der Sinn gefällt?

Auf diesen Hügeln überseh ich meine Welt!
Erstieg ich auch der Länder steilste Höhen,
Von wo ich könnt die Schiffe fahren sehen
Und Städte fern und nah von Bergen stolz umstellt,

Nichts ist's, was mir den Blick gefesselt hält.

Auf diesen Hügeln überseh ich meine Welt!
Und könnt ich Paradiese überschauen,
Ich sehnte mich zurück nach jenen Auen,
Wo deines Daches Zinne meinem Blick sich stellt,
Denn der allein umgrenzt meine Welt.


**Eduard Mörike: Auf der Reise (1830)**

Zwischen süßem Schmerz,
Zwischen dumpfem Wohlbehagen
Sitz ich nächtlich in dem Reisewagen,
Lasse mich so weit von dir, mein Herz,
Weit und immer weiter tragen.

Schweigend sitz ich und allein,
Ich wiege mich in bunten Träumen,
Das muntre Posthorn klingt darein,
Es tanzt der liebe Mondenschein
Nach diesem Ton auf Quellen und auf Bäumen
Sogar zu mir durchs enge Fensterlein.

Ich wünsche mir nun dies und das.
O könnt ich jetzo durch ein Zauberglas
Ins Goldgewebe deines Traumes blicken!
Vielleicht dann säh ich wieder mit Entzücken
Dich in der Laube wohlbekannt,
Ich sähe Genovevens Hand
Auf deiner Schulter traulich liegen,
Am Ende säh ich selber mich,
Halb keck und halb bescheidentlich,
An deine holde Wange schmiegen.

Doch nein! wie dürft ich auch nur hoffen,

Daß jetzt mein Schatten bei dir sei!
Ach, stünden deine Träume für mich offen,
Du winktest wohl auch wachend mich herbei!


**Joseph von Eichendorff: In der Fremde (1832)**

Aus der Heimat hinter den Blitzen rot
Da kommen die Wolken her,
Aber Vater und Mutter sind lange tot,
Es kennt mich dort keiner mehr.
Wie bald, wie bald kommt die stille Zeit,
Da ruhe ich auch, und über mir
Rauschet die schöne Waldeinsamkeit
Und keiner mehr kennt mich auch hier


**Nikolaus Lenau: Abschied. Lied eines Auswandernden (1832/33)**

Sei mir zum letztenmal gegrüßt,
Mein Vaterland, das, feige dumm,
Die Ferse dem Despoten küßt
Und seinem Wink gehorchet stumm.

Wohl schlief das Kind in deinem Arm,
Du gabst, was Knaben freuen kann;
Der Jüngling fand ein Liebchen warm;
Doch keine Freiheit fand der Mann.

Im Hochland streckt der Jäger sich
Zu Boden schnell, wenn Wildesschar
Heran sich stürzet fürchterlich;
Dann schnaubt vorüber die Gefahr:

Mein Vaterland, so sinkst du hin,
Rauscht deines Herrschers Tritt heran,
Und lässest ihn vorüberziehn
Und hältst den bangen Atem an. –

Fleug, Schiff, wie Wolken durch die Luft,
Hin, wo die Götterflamme brennt!
Meer, spüle mir hinweg die Kluft,
Die von der Freiheit noch mich trennt!


Du neue Welt, du freie Welt,
An deren blütenreichem Strand
Die Flut der Tyrannei zerschellt,
Ich grüße dich, mein Vaterland!

## Joseph von Eichendorff: Schöne Fremde (1834)

Es rauschen die Wipfel und schauern,
Als machten zu dieser Stund
Um die halbversunkenen Mauern
Die alten Götter die Rund.

Hier hinter den Myrtenbäumen
In heimlich dämmernder Pracht,
Was sprichst du wirr wie in Träumen
Zu mir, phantastische Nacht?

Es funkeln auf mich alle Sterne
Mit glühendem Liebesblick,
Es redet trunken die Ferne
Wie von künftigem, großem Glück!

**Heinrich Heine: Wo? (1839/40)**

Wo wird einst des Wandermüden
Letzte Ruhestätte sein?
Unter Palmen in dem Süden?
Unter Linden an dem Rhein?
Werd ich wo in einer Wüste
Eingescharrt von fremder Hand?
Oder ruh ich an der Küste
Eines Meeres in dem Sand?
Immerhin! Mich wird umgeben
Gotteshimmel, dort wie hier,
Und als Totenlampen schweben
Nachts die Sterne über mir.


**Franz Grillparzer: In der Fremde (1843)**

Schon bin ich müd zu reisen,
Wär's doch damit am Rand,
Vor Hören und vor Sehen
Vergeht mir der Verstand.

So willst Du denn nach Hause?
O nein! Nur nicht nach Haus!
Dort stirbt des Lebens Leben
Im Einerlei mir aus.

Wo also willst Du weilen?
Wo findest Du die Statt?
O Mensch, der nur zwei Fremden
Und keine Heimat hat.

**Heinrich Heine:  Nachtgedanken  (1844)**

Denk ich an Deutschland in der Nacht,
Dann bin ich um den Schlaf gebracht,
Ich kann nicht mehr die Augen schließen,
Und meine heißen Tränen fließen.
Die Jahre kommen und vergehn!
Seit ich die Mutter nicht gesehn,
Zwölf Jahre sind schon hingegangen;
Es wächst mein Sehnen und Verlangen.
Mein Sehnen und Verlangen wächst.
Die alte Frau hat mich behext.
Ich denke immer an die alte,
Die alte Frau, die Gott erhalte!
Die alte Frau hat mich so lieb,
Und in den Briefen, die sie schrieb,
Seh ich, wie ihre Hand gezittert,
Wie tief das Mutterherz erschüttert.
Die Mutter liegt mir stets im Sinn.
Zwölf lange Jahre flossen hin,
Zwölf Jahre sind verflossen,
Seit ich sie nicht ans Herz geschlossen.
Deutschland hat ewigen Bestand,
Es ist ein kerngesundes Land!
Mit seinen Eichen, seinen Linden
Werd ich es immer wiederfinden.
Nach Deutschland lechzt ich nicht so sehr,
Wenn nicht die Mutter dorten wär;
Das Vaterland wird nie verderben,
Jedoch die alte Frau kann sterben.
Seit ich das Land verlassen hab,
So viele sanken dort ins Grab,
Die ich geliebt – wenn ich sie zähle,
So will verbluten meine Seele.

Und zählen muß ich – Mit der Zahl
Schwillt immer höher meine Qual,
Mir ist, als wälzten sich die Leichen
Auf meine Brust – Gottlob! sie weichen!
Gottlob! durch meine Fenster bricht
Französisch heitres Tageslicht;
Es kommt mein Weib, schön wie der Morgen,
Und lächelt fort die deutschen Sorgen.


**Theodor Storm: Gedenkst du noch? (1857)**

Gedenkst du noch, wenn in der Frühlingsnacht
Aus unserm Kammerfenster wir hernieder
Zum Garten schauten, wo geheimnisvoll
Im Dunkel dufteten Jasmin und Flieder?
Der Sternenhimmel über uns so weit,
Und du so jung; unmerklich geht die Zeit.
Wie still die Luft! Des Regenpfeifers Schrei
Scholl klar herüber von dem Meeresstrande;
Und über unsrer Bäume Wipfel sahn
Wir schweigend in die dämmerigen Lande.
Nun wird es wieder Frühling um uns her,
Nur eine Heimat haben wir nicht mehr.
Nun horch ich oft, schlaflos in tiefer Nacht,
Ob nicht der Wind zur Rückfahrt möge wehen.
Wer in der Heimat erst sein Haus gebaut,
Der sollte nicht mehr in die Fremde gehen!
Nach drüben ist sein Auge stets gewandt:
Doch eines blieb - wir gehen Hand in Hand.

**Friedrich Nietzsche: Vereinsamt (1884)**

Die Krähen schrein
Und ziehen schwirren Flugs zur Stadt:
Bald wird es schnein, –
Wohl dem, der jetzt noch – Heimat hat!
Nun stehst du starr,
Schaust rückwärts, ach! wie lange schon!
Was bist du Narr
Vor Winters in die Welt entflohn?
Die Welt – ein Tor
Zu tausend Wüsten stumm und kalt!
Wer das verlor,
Was du verlorst, macht nirgends Halt.
Nun stehst du bleich,
Zur Winter-Wanderschaft verflucht,
Dem Rauche gleich,
Der stets nach kältern Himmeln sucht.
Flieg, Vogel, schnarr
Dein Lied im Wüstenvogel-Ton! –
Versteck, du Narr,
Dein blutend Herz in Eis und Hohn!
Die Krähen schrein
Und ziehen schwirren Flugs zur Stadt:
Bald wird es schnein, –
Weh dem, der keine Heimat hat!


**Stefan George: Rückkehr (1897)**

Ich fahre heim auf reichem kahne -
Das ziel erwacht im abendrot -
Vom maste weht die weisse fahne -
Wir übereilen manches boot.

Die alten ufer und gebäude
Die alten glocken neu mir sind -
Mit der verheissung neuer freude
Bereden mich die winde lind.

Da taucht aus grünen wogenkämmen
Ein wort - ein rosenes gesicht :
Du wohntest lang bei fremden stämmen -
Doch unsre liebe starb dir nicht.

Du fuhrest aus im morgengrauen
Und als ob einen tag nur fern
Begrüssen dich die wellenfrauen
Die ufer und der erste stern.


**Julius Sturm: [Aus fernem Land] (1898)**

Aus fernem Land,
vom Meeresstrand
auf hohen, luftigen Wegen
fliegst, Schwalbe, du
ohne Rast und Ruh
der lieben Heimat entgegen.
So ohne Rast
in freudiger Hast
auf hohen, luftigen Wegen
flieg ich unverwandt
dem Heimatland,
dem lenzgeschmückten,
entgegen.

**Christian Morgenstern: Wohin? (1898)**

Wohin noch
wirst du mich reißen,
ruhlose Sehnsucht –
wohin? wohin?
Hinter mir
dunkles Vergessen gebreitet;
vor mir der Zukunft
dunklerer Pfad ...
Aber noch hallt
meiner Hoffnungen Hufschlag
vor den rollenden Rädern,
auf denen
hochaufgerichtet ich noch,
allen Gefahren
heiter trotzend,
die Ferne suche.
Schatten und Lichter –
vorüber – vorüber –
in den Tiefen
klirrende Ketten –
nicht an mir –
nicht für mich –
*mich* laßt hinweg,
höher hinauf!
Freiheit! Leben!
Zukunft! Sterne!
Empor!
Noch
halten die Götter
goldene Schilde
schützend
über mein junges Haupt.

**Ludwig Jacobowski: nach Hause (1900)**

Das macht die Sommernacht so schwer:
Die Sehnsucht kommt und setzt sich her
und streichelt mir die Wange.
 Man hat so wunderlichen Sinn;
man will wohin, weiß nicht wohin,
und steht und guckt sich bange.
Wonach?
Die Fackel in der Hand,
so weist die Sehnsucht weit ins Land,
wo tausend Wege münden.
Ach! einen möchte ich schon geh'n,
„Nach Hause!" müßte drüber steh'n. –
O Herz, nun geh' ihn finden!

22

**Ernst Wilhelm Lotz: Die Nächte explodieren in den Städten (1913)**

Die Nächte explodieren in den Städten,
Wir sind zerfetzt vom wilden, heißen Licht,
Und unsre Nerven flattern, irre Fäden,
Im Pflasterwind, der aus den Rädern bricht.
In Kaffeehäusern brannten jähe Stimmen
Auf unsre Stirn und heizten jung das Blut,
Wir flammten schon. Und suchen leise zu verglimmen,
Weil wir noch furchtsam sind vor eigner Glut.
Wir schweben müßig durch die Tageszeiten,
An hellen Ecken sprechen wir die Mädchen an.
Wir fühlen noch zu viel die greisen Köstlichkeiten
Der Liebe, die man leicht bezahlen kann.
Wir haben uns dem Tage übergeben
Und treiben arglos spielend vor dem Wind,
Wir sind sehr sicher, dorthin zu entschweben,
Wo man uns braucht, wenn wir geworden sind.

**Rainer Maria Rilke: Der Fremde (1918)**

Ohne Sorgfalt, was die Nächsten dächten,
die er müde nichtmehr fragen hieß,
ging er wieder fort; verlor, verließ -.
Denn er hing an solchen Reisenächten

anders als an jeder Liebesnacht.
Wunderbare hatte er durchwacht,
die mit starken Sternen überzogen
enge Fernen auseinanderbogen
und sich wandelten wie eine Schlacht;

andre, die mit in den Mond gestreuten
Dörfern, wie mit hingehaltnen Beuten,
sich ergaben, oder durch geschonte
Parke graue Edelsitze zeigten,
die er gerne in dem hingeneigten
Haupte einen Augenblick bewohnte,
tiefer wissend, dass man nirgends bleibt;
und schon sah er bei dem nächsten Biegen
wieder Wege, Brücken, Länder liegen
bis an Städte, die man übertreibt.

Und dies alles immer unbegehrend
hinzulassen, schien ihm mehr als seines
Lebens Lust, Besitz und Ruhm.
Doch auf fremden Plätzen war ihm eines
täglich ausgetretnen Brunnensteines

**Rainer Maria Rilke: Der Reisende (1923?)**

Wie sind sie klein in der Landschaft, die beiden,
die sich gegenseitig mit dem bekleiden,

das sie mit zärtlichen Händen weben;
und der Zug, der nicht Zeit hat, zu unterscheiden,
wirft einen Wind von Meineiden
über diese unendlichen Leben.
Ach, das Vorbei, das Vorbei der zahllosen Züge,
und die Wiesen wie widerrufen;
Abschiede streifen die Straßen und Stufen,
wo noch eben in heiler Genüge
Menschen sich halten. Wer sie doch größer
machte mindestens wie die Gebäude,
diese einander Freude-Einflößer,
diese offenen Opfer der Freude.

Kenn ich sie nicht, diese innig Beschwingten,
die von den plötzlich unbedingten
Herzen in endlose Räume gerissen,
schweben —,
oder die eben
von der gemeinsamen Wasserscheide
niedergleiten ins Weiche der Täler?
War ich nicht immer ihr leiser Erzähler?
Bin ich nicht einer? Bin ich nicht beide?
Bin ich nicht täglich ihr Aufstehn zum Ganzen,
ihr unsäglich reines Beginnen
und das kleine Beginnen mitten im Tanzen,
das sie vergessen?

Lasst uns an ihnen langsam ermessen,
was ein Grab ist, ein Grab in der Erde,
und die Beschwerde dessen,
was unterm Fuß war, nun überm Herzen für immer.
Schlimmer kann es nicht kommen. Aber auch an den bangen
Gräbern fahren die Züge vorüber,
und Über des Lebens
stehn unbefangen

an zitternden Fenstern.
Nach welchen Klimaten
ziehn wir im Reisen? Wer gibt uns den Wink?
Woher wissen wir, dass die Stete verging,
und lassen uns plötzlich weiterweisen
von Ding zu Ding?
Wer wirft unser Herz vor uns her, und wir jagen
dieses köstliche Herz, das wir nur in der Kindheit ertragen,
das *uns* seither trug.
(Aber wer war ihm Flug genug?)

Wie sehn sie die Landschaft, die rascheren hohen
Herzen, die uns im Schwung übertrafen,
diese Landschaft aus trüben und frohen
Blicken und Schlafen.
Wie mag sie den freien
Herzen erscheinen, die sich entzweien
von unserem Zögern ...
Wie sehn sie die Häuser,
wie jene Gräber und wie die zu kleinen
Gestalten der Liebenden, abseits, —
wie aber die Bücher, die von dem Winde der Sehnsucht
aufgeschlagenen Bücher der Einsamen?

**Max Hermann- Neiße: Abschiedslied (1928)**

Da es wieder mich entführt
in das Ungewisse,
Todeshauch die Stirn berührt
und Gewissensbisse
um der Liebe welkes Laub
und versäumte Stunden,
die unwiederbringlich Staub,
nun mein Tun verwunden:

Wein ich bitter, hemmungslos
Tränen, die nicht trösten.
Scheinbar in des Glückes Schoß
ist die Not am größten.
Wenn Ersehntes sich begibt,
bringt es nichts als Trauer,
liegt in dem, was mich so liebt,
Unheil auf der Lauer.
Erst wenn uns das Schicksal trennt,
bin ich dir verbunden,
erst der Abschiedsblick erkennt
die versäumten Stunden,
erst der Abschied lässt, zu spät,
Zärtlichkeit entbrennen,
erst dem Lebewohl gerät
glaubhaft das Bekennen.
Alles, was einst lockend rief,
ist jetzt das Verhasste,
hindert und verwundet tief.
Und die arg verpasste
Lust, dass mich dein Kuss berührt,
schickt Gewissensbisse.
Da es wieder mich entführt,
bist du das Gewisse!


**Max Hermann-Neiße: Angst vor der Fremde (1928)**


Eine fremde Welt, eine fremde Welle,
Rätselhaftes übers Wasser weht,
unbekanntes Zelt, unbekannte Zelle.
Eine Maske an der Gasse steht,
zweifelhaft sind alle ihre Worte,
keinem Liebesblicke ist zu traun,
und durch eine drohend dunkle Pforte

lockt sie mich in die Gefahr der Fraun,
nackter Frauen, die wie Papageien
Fremdes plappern und unfassbar sind,
noch im Wollustrausch mit fremden Schreien
wie ein boshaft schadenfrohes Kind
meiner spotten oder mich verraten.
Unterm Fenster ruht der stumme Fluss,
und vielleicht der Mut zu Mördertaten
blüht aus einem Lächeln, einem Kuss.
Wenn sie doch mich in den Tod nicht warfen.
trieben nur mit mir ihr blutges Spiel,
ist mein Heimweg früh bewacht von Larven,
und ich darf nicht fragen nach dem Ziel.
Müde irr ich an den blassen Grachten.
Find ich Fremder noch einmal nach Haus?
Im Hotel wirst du mich dann verachten,
meinem Drama fehlte der Applaus.
Weindunst flechtet keine Lorbeerkränze
um die Stirn mir, einsam schlaf ich ein,
neben mir dein Antlitz. Tausend Tänze
werden zwischen unsern Träumen sein.
Hochzeitstänze oder Totentänze?
Wohin treibt uns diese trunkne Fahrt?
Jeden ganz allein? Und welche Kränze
werden unserm Los dort aufbewahrt?
Wenn wir landen mit der fremden Welle,
schweigend das Geheimnis vor uns steht,
unbekanntes Zelt, unbekannte Zelle,
Rätselhaftes übers Wasser weht.

**Else Lasker-Schüler: Die Verscheuchte (1934)**

Es ist der Tag im Nebel völlig eingehüllt,
Entseelt begegnen alle Welten sich-
Kaum hingezeichnet wie auf einem Schattenbild.

Wie lange war kein Herz zu meinem mild...
Die Welt erkaltete, der Mensch verblich.
Komm bete mit mir - denn Gott tröstet mich.

Wo weilt der Odem, der aus meinem Leben wich?
Ich streife heimatlos zusammen mit dem Wild
Durch bleiche Zeiten träumend - ja ich liebte dich...

Wo soll ich hin, wenn kalt der Nordsturm brüllt?
Die scheuen Tiere aus der Landschaft wagen sich
Und ich vor deine Tür, ein Bündel Wegerich.

Bald haben Tränen alle Himmel weggespült,
An deren Kelchen Dichter ihren Durst gestillt-
Auch du und ich.

**Max Hermann- Neiße: Das Feuer brennt nicht mehr (1933/36)**

Ich sitze nachts vor dem Kamin verlassen.
Das Feuer brennt nicht mehr. Das Haus ist still.
Nur selten kommt ein Laut noch aus den Gassen,
doch niemals einer, der mich trösten will.
Die Stunden drohen alle mit dem Sterben,
und die Verbannung wächst wie eine Wand
aus Dornen um das wunde Herz.
Die Erben erwartet ein zerstörtes Vaterland.
Und was kann mir der nächste Morgen bringen:
ein Tag mehr, eine Schuld am Leben mehr!

In dieser Stadt wird mir kein Glück gelingen,
sie macht das Lieben und Geliebtsein schwer.
Nun scheint mir alles, was ich schätzte, nichtig.
Der Nebel draußen hüllt die Scham nicht ein.
Ich weiß, ich lebte meine Zeit nicht richtig,
und muss mein Leben lang erfolglos sein.
Die Stunden stehn verlangend um mein Wachen;
ob ich wohl halte, was ich einst versprach?
und strafend weist ihr Schweigen auf den Schwachen,
der alle seine Jugendschwüre brach.
Vergebens blieb mein Lieben wie mein Hassen,
ohnmächtig vor der feindlichen Gewalt.
Ich sitze nachts in fremdem Land verlassen.
Es brennt kein Feuer mehr. Die Welt ist kalt.

**Else Lasker-Schüler: Mein blaues Klavier (1937)**

Ich habe zu Hause ein blaues Klavier
Und kenne doch keine Note.

Es steht im Dunkel der Kellertür,
Seitdem die Welt verrohte.

Es spielten Sternenhände vier –
Die Mondfrau sang im Boote.
– Nun tanzen die Ratten im Geklirr.

Zerbrochen ist die Klaviatur.
Ich beweine die blaue Tote.

Ach liebe Engel öffnet mir
– Ich aß vom bitteren Brote –
Mir lebend schon die Himmelstür,
Auch wider dem Verbote.

## IV.    EXTRA: Zweisprachigkeit als Fremdheitsaspekt

**Nefvel Cumart: über die heimat II (1995)**

mein vater
kehrt in die türkei zurück
er möchte nicht
in der fremde sterben
auch ich möchte nicht
in der fremde sterben
und entschließe mich
in bamberg zu bleiben

**Nefvel Cumart: zwei welten (1996)**

zwischen
zwei
welten
inmitten
unendlicher
einsamkeit
möchte
ich eine brücke sein
doch kann ich
kaum fuß fassen
an dem einen ufer
vom anderen
löse ich mich
immer mehr
die brücke bricht
droht mich
zu zerreißen
in der mitte

**Über den Lyriker Cumart:**

Als Mitglied der zweiten Generation in Deutschland lebender Türken versuchte er mittels des Schreibens, mit dem kulturellen Tauziehen zwischen den denkbar verschiedenen Welten seiner Eltern und seiner deutschen Altersgenossen fertigzuwerden, mit dem durch den Identitätskonflikt ausgelösten Ichverlust, mit der erlittenen Stereotypisierung seiner ethnischen Gruppe, der kränkenden und krankmachenden sozialen Ausgrenzung. Dementsprechend waren die ersten seiner inzwischen auf zehn Gedichtbände gediehenen Werke ein verzweifeltes von-der-Seele-weg-Schreiben, eine erschütternde Chronik der pathologischen und familienzerstörenden Auswirkungen von Diskriminierung und Isolation, manchmal detailliert-autobiographisch ausgeleuchtet, manchmal abstrahierend umschrieben.

*Nachwort aus: Wellen der Zeit (1998), http://www.nevfel-cumart.de/weiterfuhrende-literatur/*

**Über Heimat und Fremde: Interview mit Nefvel Cumart.**

*Gab oder gibt es für Sie mehr Vor- oder Nachteile als Kind türkischer Eltern in Deutschland?*

*N. C.:* Also da gibt es natürlich zwei Ebenen. Die eine Ebene ist meine eigene Biografie, da könnte ich etwas Persönliches erzählen. Und auf der anderen Ebene würde ich etwas als Referent erzählen, zum Thema Migration in Deutschland. Aber in diesem Fall überschneidet sich das beides, es ist wirklich eher mit Nachteilen verbunden. Manchmal würde ich auch sagen eher mit noch mehr Schwierigkeiten verbunden. Mir ging es so wie vielen anderen Jugendlichen auch, ich wusste nicht wohin ich gehöre. Bin ich Türke? Bin ich Deutscher? Das was in den klugen Büchern steht als Identitätskonflikt der 2. Ausländergeneration. Das Problem ist, dass unsere Eltern 150-prozentige türkische Kinder aus uns machen wollen, die 50 Prozent kommen noch hinzu, weil wir in einem

Land leben, dass sie als befremdlich und beängstigend empfinden. Die wollen also 150-prozentige türkische Kinder aus uns machen und draußen vor der Tür sind wir in Deutschland, da sollen wir deutsche Kinder sein. Es ist sehr schwer, mit diesem Kulturspagat zurechtzukommen, weil die Anforderungen, die an uns gestellt werden auch sehr unterschiedlich sind. Sie sind eigentlich gar nicht miteinander zu vereinbaren. Wenn ich mich so verhalte wie meine Eltern das wollen, dann bin ich ein guter türkischer Sohn, aber ich bin ein schlechter deutscher Kumpel. Wenn ich mich so verhalte, wie meine Kumpels das wollen, wenn ich gut in die Clique hineinpasse, dann bin ich ein guter deutscher Freund, aber ein schlechter türkischer Sohn. Das entspricht nicht den Vorstellungen meiner Eltern. Also es ist sehr schwierig. Dieses Hin – und Hergerissenwerden, dieses Zerrissensein, das ist ein sehr schwieriger Zustand. Also ich glaube, es ist schon eher nachteilig. Dann kommt noch hinzu, dass wir nicht gerade hochintellektuelle Eltern haben, das darf man nie vergessen. Man hat Anfang der 60er Jahre nicht die Elite nach Deutschland geholt, sondern man hat eigentlich Menschen aus bildungsfernen Schichten nach Deutschland geholt, die klassischen Gastarbeiter, zu denen auch meine Eltern gehören. Das heißt, die haben eigentlich gar nicht durchschaut, was läuft, ob sie uns überhaupt helfen können oder nicht. Da prallten sehr viele Dinge zusammen.

Es kommt ja auch noch hinzu, dass wir nicht nur ein Generationsproblem haben, meine Eltern, ich, miteinander, sondern eigentlich haben wir ein Mentalitätsproblem. Ich bin hier sehr deutsch beeinflusst worden, weil ich ja meistens draußen war. Und meine Eltern sind aber noch als türkische Menschen mit achtzehn, neunzehn Jahren, wie sie reif waren in der Türkei, hier

hergekommen und haben hier an ihren Werten und Normen und Sitten und Gebräuchen festgehalten. Das heißt, wir haben auch so ein Mentalitäts- und Kulturproblem. Und das zu bewältigen ist nicht einfach. Deswegen glaube ich, dass so ein Junge in Stade, wo ich aufgewachsen bin, der deutsche Eltern hatte, dass der es etwas leichter hat als ich. Die alltäglichen Probleme mit den Eltern hatten wir auch gehabt, aber hinzu kam bei uns halt noch das kulturelle, das Mentalitätsproblem.

*Wie haben Sie diesen unerträglichen Zustand des Zerrissenseins
bewältigt?*

*N. C.:* Ich habe dann irgendwann Gott sei Dank genug Kraft gehabt, um
mir zu sagen: „Warum soll ich zerrissen sein? Es kann ja auch eine
Bereicherung werden aus zwei Welten zu schöpfen, in zwei Welten
beheimatet zu sein." Ich sage deswegen „Gott sei Dank", weil ich weiß,
wie schwierig das ist. Ich war Gott sei Dank irgendwann stark genug, um
mich auf den Weg zu machen und ich würde jetzt mal so spontan sagen
auf den Weg der Synthese. Also ich wollte nicht mehr entweder Türke
oder Deutscher sein, sondern ich wollte diese Kategorie „entweder
oder" überwinden und wollte „sowohl als auch" sein. Sowohl Türke als
auch Deutscher sein, also ich wollte beides sein. Und ich sage deswegen
„Gott sei Dank", weil es sehr schlimm sein kann unter dieser Geschichte
zu leiden und natürlich ist eine „Bürde zweier Welten" auch mit Arbeit
verbunden. Ganz einfaches Beispiel: Für mich nach meinem Verständnis
reicht es nicht, Herrmann Hesse, Schiller oder Peter Handke zu kennen,
sondern ich sollte auch Orhan Pamuk kennen. Für mich heißt es nicht,
den Spiegel zu lesen, oder Focus oder FAZ, nach meinem Verständnis
sollte ich auch wissen, was in der Türkei passiert. Das heißt, die
Bereicherung aus beiden Welten, aus beiden Kulturen schöpfen zu
können ist auch mit Arbeit und mit Bürde verbunden. Aber ich bin sehr
froh, dass ich diesen Weg gehen konnte und da nicht so zu Grunde
gegangen bin. Und ich weiß wovon ich rede, beide meiner Brüder sind
daran erkrankt. Meine Brüder haben diesen Kulturspagat nicht
standhalten können und sind beide geistig erkrankt. Also es ist wirklich
kein Zuckerschlecken seinen Weg zu finden in der Migration.

*Ist es notwendig einer Nationalität anzugehören?*
*N. C.:* Nationalität hat ja nichts mit dem zu tun, was du denkst und wie
du empfindest. Nationalität hat ja auch was mit formalrechtlichen,
juristischen Dingen zu tun. Für mich ist es auf gut deutsch völlig egal, ob
ich einen türkischen Pass, einen europäischen Pass, einen deutschen

Pass oder was für einen Pass auch immer habe. Es ändert nichts an meiner Nase. Es ändert nichts an meinen Empfindungen. Für mich ist es aber nicht egal, ob ich einen deutschen Pass oder einen türkischen Pass habe, was meine Lebensumstände betrifft. Also ein ganz einfaches Beispiel: Ich habe die deutsche Staatsbürgerschaft, ich bin sehr froh darüber, weil der deutsche Pass mein Leben immens erleichtert. Ich falle nicht mehr unter das Ausländerrecht. Aber es hat an meiner Haltung zu Deutschland, an meiner Nase, an meinen Empfindungen nichts geändert.

*Quelle*: *http://www.nevfel-cumart.de/interviews/*


**Franco Biondi: In der pizzeria der altstadt (1989)**

Während sie am tisch nebenan
ein rundes ding aßen
das mit einer pizza Napoli
ähnlichkeit hatte
und dabei
über ihre versagten revolutionen
über die mangelnde internationale solidarität
über ihre reise in die gestrandeten träume
glatte sätze losließen

tranken wir
aus schaumbeschmierten gläsern
abgestandenes mainzer export
das ähnlichkeit mit uns selber hatte
und dabei schwiegen wir
über unsere enttäuschten hoffnungen
über die ausgebliebenen kontakte
über den weggespülten rückkehrwunsch
wartend, daß auch dieser tag
vom deutschen alltagspinsel weggewischt wird.
Und unsere sätze

zwischen jedem schluck
waren weder glatt noch gehobelt
eher ganz rau -
sie trugen in ihrer hülse
den rhythmus der maschinen
und den inhalt dieses abends
in der pizzeria in der altstadt


**Srđan Keko: heimat I (1990)**

das land
aus dem ich komme
kanns nicht sein
nicht mehr
das land
in dem ich lebe
wills nicht sein
noch nicht
und ich müsste
auch wollen
können
heimat
das ist der höchste punkt
im sprung nach vorn
kurz bevor die schwere
des freien falls mich packt
und mutter erde mich wieder fest
an ihren großen heißen
busen presst

**Srđan Keko: heimat II (1990)**

das sind für mich
züge und schiffe
und flugzeuge
ständige bewegung
von da nach dort
ist besser
als ewiger stillstand
an jedem ort

**Srđan Keko: heimat III (1990)**

heimat ist ein matter hai
heimat ist meine heiamatte

heimat ist schachmatt zum quadrat
lieber high-mat als low-mat

heimat ist mein kater marko

wenn er schläft
und schnurrt

und grinst
und gurrt

**Srđan Keko: heimat IV (1990)**

als mein kater marko
starb

schrumpfte meine heimat
um das große stück
das er mir war

seit mein kater marko
nicht mehr lebt
ist meine heimat
enger geworden

was übrig blieb
trage ich
in mir

heimat bin ich mir
nun selbst

heimat bin ich



**Rojian Fotufna: Geflohen (2018)**

fremd und leer
in mir drin, in mir drin
zu Hause, allein.
wohin, wohin?

gekommen aus der nähe,
gegangen in die ferne.

Heimaten gibt es nicht.

v.　　**EXTRA: Die/das Fremde in mir und Ich-Suche**

**Wilhelm Müller: Der Wegweiser (1823)**

Was vermeid ich denn die Wege,
Wo die andren Wandrer gehn,
Suche mir versteckte Stege
Durch verschneite Felsenhöhn?
Habe ja doch nichts begangen,
Dass ich Menschen sollte scheun –
Welch ein törichtes Verlangen
Treibt mich in die Wüstenein?
Weiser stehen auf den Straßen,
Weisen auf die Städte zu,
Und ich wandre sonder Maßen,
Ohne Ruh, und suche Ruh.
Einen Weiser seh ich stehen
Unverrückt vor meinem Blick;
Eine Straße muss ich gehen,
Die noch keiner ging zurück.


**Joseph von Eichendorff: Heimweh  (1826)**


Wir ohne Heimat irren so verloren
und sinnlos durch der Fremde Labyrinth.
Die Eingebornen plaudern vor den Toren
vertraut im abendlichen Sommerwind.

Er macht den Fenstervorhang flüchtig wehen
und lässt uns in die lang entbehrte Ruh
des sichren Friedens einer Stube sehen
und schließt sie vor uns grausam wieder zu.

Die herrenlosen Katzen in den Gassen,
die Bettler, nächtigend im nassen Gras,
sind nicht so ausgestoßen und verlassen
wie jeder, der ein Heimatglück besaß

und hat es ohne seine Schuld verloren
und irrt jetzt durch der Fremde Labyrinth.
Die Eingebornen träumen vor den Toren
und wissen nicht, dass wir ihr Schatten sind.


**Georg Herwegh:  Vive la République! (1840)**


Berg an Berg und Brand an Brand
Lodern hier zusammen;
Welch ein Glühen! – ha! so stand
Ilion einst in Flammen.
Ein versinkend Königshaus
Raucht vor meinem Blicke,
Und ich ruf ins Land hinaus:
Vive la république!

Heil'ge Gluten, reiner Schnee,
Golden Freiheitkissen,
Abendglanzumstrahlter See,
Schluchten, wild zerrissen –
Daß im Schweizerlandrevier
Sich kein Nacken bücke!
Kaiser ist der Bürger hier;
Vive la republique!

Eine Phalanx stehet fest,
Fest und ohne Wanken,
Und an euren Alpen messt
Euere Gedanken!
Eurer Berge Kette nur
Ward euch vom Geschicke;
Auf die Kette schrieb Natur:
Vive la république !

Blumen um die Schläfe her
Steigen eure Höhen,
Frisch, wie Venus aus dem Meer,
Auf aus euren Seen;
Daß aus deinem Jungfernkranz
Man kein Röschen knicke,
Schweizerin, hüt ihn wohl beim Tanz!
Vive la république!

Auf die Felsen wollte Gott
Seine Kirchen bauen;
Vor dem Felsen soll dem Spott
Seiner Feinde grauen!
Zwischen hier und zwischen dort
Gibt's nur eine Brücke.
Freiheit, o du Felsenwortt
Vive la république!
*[Vive la..=es lebe die Republik]*

**Annette von Droste - Hülshoff: Am Turme (1844)**

Ich steh' auf hohem Balkone am Turm,
Umstrichen vom schreienden Stare,

Und lass' gleich einer Mänade den Sturm
Mir wühlen im flatternden Haare;
O wilder Geselle, o toller Fant,
Ich möchte dich kräftig umschlingen,
Und, Sehne an Sehne, zwei Schritte vom Rand
Auf Tod und Leben dann ringen!

Und drunten seh' ich am Strand, so frisch
Wie spielende Doggen, die Wellen
Sich tummeln rings mit Geklaff und Gezisch
Und glänzende Flocken schnellen.
O, springen möcht' ich hinein alsbald,
Recht in die tobende Meute,
Und jagen durch den korallenen Wald
Das Walross, die lustige Beute!

Und drüben seh' ich ein Wimpel wehn
So keck wie ein Standarte,
Seh' auf und nieder den Kiel sich drehn
Von meiner luftigen Warte;
O, sitzen möcht' ich im kämpfenden Schiff,
Das Steuerruder ergreifen
Und zischend über das brandende Riff
Wie eine Seemöwe streifen.

Wär' ich ein Jäger auf freier Flur,
Ein Stück nur von einem Soldaten,
Wär' ich ein Mann doch mindestens nur,
So würde der Himmel mir raten;
Nun muss ich sitzen so fein und klar,
Gleich einem artigen Kinde,
Und darf nur heimlich lösen mein Haar
Und lassen es flattern im Winde!

**Alfred Lichtenstein: Punkt (1913)**

Die wüsten Straßen fließen lichterloh

Durch den erloschnen Kopf. Und tun mir weh.
Ich fühle deutlich, daß ich bald vergeh –

Dornrosen meines Fleisches, stecht nicht so.

Die Nacht verschimmelt. Giftlaternenschein
Hat, kriechend, sie mit grünem Dreck beschmiert.
Das Herz ist wie ein Sack. Das Blut erfriert.

Die Welt fällt um. Die Augen stürzen ein.



**Georg Trakl: Verfall  (1913)**

Am Abend, wenn die Glocken Frieden läuten,
Folg ich der Vögel wundervollen Flügen,
Die lang geschart, gleich frommen Pilgerzügen,
Entschwinden in den herbstlich klaren Weiten.

Hinwandelnd durch den dämmervollen Garten
Träum ich nach ihren helleren Geschicken
Und fühl der Stunden Weiser kaum mehr rücken.
So folg ich über Wolken ihren Fahrten.

Da macht ein Hauch mich von Verfall erzittern.
Die Amsel klagt in den entlaubten Zweigen.
Es schwankt der rote Wein an rostigen Gittern,

Indes wie blasser Kinder Todesreigen
Um dunkle Brunnenränder, die verwittern,
Im Wind sich fröstelnd blaue Astern neigen.


**Selma Meerbaum-Eisinger: Poem (um 1940)**

Die Bäume sind von weichem Lichte übergossen,
im Winde zitternd glitzert jedes Blatt.
Der Himmel, seidig-blau und glatt,
ist wie ein Tropfen Tau vom Morgenwind vergossen.
Die Tannen sind in sanfte Röte eingeschlossen
und beugen sich vor seiner Majestät, dem Wind.
Hinter den Pappeln blickt der Mond aufs Kind,
das ihm den Gruß schon zugelächelt hat.
Im Winde sind die Büsche wunderbar:
bald sind sie Silber und bald leuchtend grün
und bald wie Mondschein auf lichtblondem Haar
und dann, als würden sie aufs neue blühn.
Ich möchte leben.
Schau, das Leben ist so bunt.
Es sind so viele schöne Bälle drin.
Und viele Lippen warten, lachen, glühn
und tuen ihre Freude kund.
Sieh nur die Straße, wie sie steigt:
so breit und hell, als warte sie auf mich.
Und ferne, irgendwo, da schluchzt und geigt
die Sehnsucht, die sich zieht durch mich und dich.
Der Wind rauscht rufend durch den Wald,
er sagt mir, dass das Leben singt.
Die Luft ist leise, zart und kalt,
die ferne Pappel winkt und winkt.
Ich möchte leben.
Ich möchte lachen und Lasten heben
und möchte kämpfen und lieben und hassen

und möchte den Himmel mit Händen fassen
und möchte frei sein und atmen und schrein.
Ich will nicht sterben. Nein!
Nein.
Das Leben ist rot.
Das Leben ist mein.
Mein und dein.
Mein.
Warum brüllen die Kanonen?
Warum stirbt das Leben
für glitzernde Kronen?
Dort ist der Mond.
Er ist da.
Nah.
Ganz nah.
Ich muss warten.
Worauf?
Hauf um Hauf
sterben sie.
Stehn nie auf.
Nie und nie.
Ich will leben.
Bruder, du auch.
Atemhauch
geht von meinem und deinem Mund.
Das Leben ist bunt.
Du willst mich töten.
Weshalb?
Aus tausend Flöten
weint Wald.
Der Mond ist lichtes Silber im Blau.
Die Pappeln sind grau.
Und Wind braust mich an.
Die Straße ist hell. Dann...

Sie kommen dann
und würgen mich.
Mich und dich
tot.
Das Leben ist rot,
braust und lacht.
Über Nacht
bin ich
tot.
Ein Schatten von einem Baum
geistert über den Mond.
Man sieht ihn kaum.
Ein Baum.
Ein
Baum.
Ein Leben
kann Schatten werfen
über den
Mond.
Ein
Leben.
Hauf um Hauf
sterben sie.
Stehn nie auf.
Nie
und
nie.


**M.H. Lasnik : Restaufbruch (2019)**


Wir wahnverstörten Waisen
Über uns der Zug der Tiere
Blumen gewässert.

Junge Stiere, der Ruf der Tiere
Verhallt so ungehört.
Gelöste Krallen ziehen
Durch die Luft.

Mein Brunnen rauscht.

Stürzt der Tag heraus,
der goldtrübe Mond
im Nebelrauch verzogen-
mein dunkler Stern gibst
dich den Lüften frei,
herbei ins Wolkenbett.

## VI.     Klausurvorschläge

### Ferdinand Freiligrath: Die Ausgewanderten (1832)

Ich kann den Blick nicht von euch wenden;
Ich muss euch anschaun immerdar:
Wie reicht ihr mit geschäft'gen Händen
Dem Schiffer eure Habe dar!
Ihr Männer, die ihr von dem Nacken
Die Körbe langt, mit Brot beschwert,
Das ihr aus deutschem Korn gebacken,
Geröstet habt auf deutschem Herd;
Und ihr, im Schmuck der langen Zöpfe,
Ihr Schwarzwaldmädchen, braun und schlank,
Wie sorgsam stellt ihr Krüg' und Töpfe
Auf der Schaluppe grüne Bank!
Das sind dieselben Töpf' und Krüge,
Oft an der Heimat Born gefüllt!
Wenn am Missouri alles schwiegen

*Sie* malten euch der Heimat Bild:
Des Dorfes steingefasste Quelle,
Zu der ihr schöpfend euch gebückt,
Des Herdes traute Feuerstelle,
Das Wandgesims, das sie geschmückt
Bald zieren sie im fernen Westen
Des leichten Bretterhauses Wand;
Bald reicht sie müden braunen Gästen,
Voll frischen Trunkes, eure Hand.
Es trinkt daraus der Tscherokese,
Ermattet, von der Jagd bestaubt;
Nicht mehr von deutscher Rebenlese
Tragt ihr sie heim, mit Grün belaubt.
O sprecht! warum zogt ihr von dannen?
Das Neckartal hat Wein und Korn;
Der Schwarzwald steht voll finstrer Tannen,
Im Spessart klingt des Älplers Horn.
Wie wird es in den fremden Wäldern
Euch nach der Heimatberge Grün,
Nach Deutschlands gelben Weizenfeldern,
Nach seinen Rebenhügeln ziehn!
Wie wird das Bild der alten Tage
Durch eure Träume glänzend wehn!
Gleich einer stillen, frommen Sage
Wird es euch vor der Seele stehn.
Der Bootsmann winkt! – Zieht hin in Frieden:
Gott schütz' euch, Mann und Weib und Greis!
Sei Freude eurer Brust beschieden,
Und euren Feldern Reis und Mais!

47

1. **Analysieren Sie das Gedicht von Freiligrath insbesondere im Hinblick auf die Gestaltung des Konzeptes von Heimat und Fremde.**

**Hugo von Hofmannsthal: Spaziergang (1893)**

Ich ging durch nächtige Gassen
Bis zum verstaubten Rand
Der großen Stadt. Da kam ich
An eine Bretterwand
Auf einem öden Wall von Lehm.
Ich konnt nicht weiter gehen
Noch auch im klaren vollen Licht
Des Monds hinüber spähen.
Dahinter war die ganze Welt
Verschwunden und versunken
Und nur der Himmel aufgerollt
Mit seinen vielen Funken.
Der Himmel war so dunkelblau,
So glanz- und wunderschwer,
Als rollte ruhig unter ihm
Ein leuchtend feuchtes Meer.
Die Sterne glommen, als schauten sie
In einen hohen Hain
Mit rieselnden dunklen Wassern
Und rauschenden Wipfeln hinein.
Ich weiß nicht, was dort drüben war,
Doch wars wohl fort und fort
Nur öde Gruben Sand und Lehm
Und Disteln halbverdorrt.
Sag, meine Seele, gibt es wo
Ein Glück, so groß und still,
Als liegend hinterm Bretterzaun
Zu träumen wie Gott will,

Wenn über Schutt und Staub und Qualm
Sich solche Pracht enthüllt,
Dass sie das Herz mit Orgelklang
Und großem Schauer füllt?

1. **Analysieren Sie das Gedicht mit besonderem Blick auf die innere und äußere Beschaffenheit des Ichs.**
2. **„Die Stadt ist ein Ort der Kälte und der Fremde". Nehmen Sie unter Bezugnahme auf Hofmannsthals Gedicht Stellung zu dieser Aussage.**

**Georg Heym: Die Irren (1910)**

Der Mond tritt aus der gelben Wolkenwand.
Die Irren hängen an den Gitterstäben,
Wie große Spinnen, die an Mauern kleben.
Entlang den Gartenzaun fährt ihre Hand.

In offnen Sälen sieht man Tänzer schweben.
Der Ball der Irren ist es. Plötzlich schreit
Der Wahnsinn auf. Das Brüllen pflanzt sich weit,
Dass alle Mauern von dem Lärme beben.

Mit dem er eben über Hume gesprochen,
Den Arzt ergreift ein Irrer mit Gewalt.
Er liegt im Blut. Sein Schädel ist zerbrochen.

Der Haufe Irrer schaut vergnügt. Doch bald
Enthuschen sie, da fern die Peitsche knallt,
Den Mäusen gleich, die in die Erde krochen.

1. **Analysieren Sie Heyms Gedicht im Hinblick auf das Ich und u.a. hinsichtlich des formalen Aufbaus und seiner Epochenzugehörigkeit.**

49

**Max Hermann-Neiße: Heimatlos (1936)**

Wir ohne Heimat irren so verloren
und sinnlos durch der Fremde Labyrinth.
Die Eingebornen plaudern vor den Toren
vertraut im abendlichen Sommerwind.

Er macht den Fenstervorhang flüchtig wehen
und lässt uns in die lang entbehrte Ruh
des sichren Friedens einer Stube sehen
und schließt sie vor uns grausam wieder zu.

Die herrenlosen Katzen in den Gassen,
die Bettler, nächtigend im nassen Gras,
sind nicht so ausgestoßen und verlassen
wie jeder, der ein Heimatglück besaß

und hat es ohne seine Schuld verloren
und irrt jetzt durch der Fremde Labyrinth.
Die Eingebornen träumen vor den Toren
und wissen nicht, dass wir ihr Schatten sind

**50**

1. **Analysieren Sie das Gedicht von Hermann-Neiße insbesondere im Hinblick auf die epochale Zugehörigkeit.**
2. **Diskutieren Sie das von Hermann-Neiße dargebotene Konstrukt von Heimat, Fremde und Identität.**

## VI. Hinweise zum unterrichtspraktischen Einsatz

Dieser Band bietet eine Textsammlung lyrischer Texte zum Thema „Fremdheitserfahrungen".
Im ersten Teil des Bandes erhalten Sie thematische Zugänge zum Komplex „Fremdheit" an Hand einiger Zitate. Als ein zentrales Beispiel

von den Empfindungen in der Fremde wurden hier Auszüge aus Heinrich Heines Exilwerk *Deutschland. Ein Wintermärchen* gedruckt. Auch ein kurzer Auszug aus der im Exil entstandenen Autobiographie *Die Welt von gestern,* verfasst von Stefan Zweig, wird als Einstieg angeboten. Der Hauptteil umfasst eine Gedichtsammlung in chronologischer Form, wobei der Fokus auf dem „langen" 19. und dem „kurzen" 20. Jahrhundert liegt. Ergänzend zu dieser Sammlung werden mehrere schlaglichtartige Beispiele von ‚Migrationslyrik' geboten, die beispielhaft für zweisprachige Autoren stehen sollen. Gerade vor dem Hintergrund des Spannungsfeldes Migration und Flucht der Gegenwart kann hier moderner und alltagsbezogener Unterricht stattfinden. Das neue Themenkapitel „die/das Fremde in mir" setzt einen weit gespannten Rahmen von der Innerlichkeit des Leidens der Romantik, über die sensible Ich-Suche bei Droste-Hülshoff bis hin zum Ich-Verfall expressionistischer Texte; auch hier werden wieder aktuelle Texte abgedruckt, die einen engen Lebensweltbezug zur aktuellen Schüler-generation garantieren. Zuletzt erhalten Sie vier Klausurvorschläge, welche thematisch und epochal aus der Unterrichtsreihe der Textsammlung hervorgehen und ein angemessenes Niveau für die Einführungsphase der gymnasialen Oberstufe bieten.

## VII.   Projektvorschlag

Fremdheitserfahrungen in den Gedichten gegenwärtiger Autoren, z.B.:

Christoph W. Bauer: Fremd bin ich eingezogen unter meine Haut
Alev Tekinay: Dazwischen
Clara Tauchert da-Cruz: Insel
Vanessa Schwarkow: Ich
Cyrus Atabay: Stockung

Die Texte eigenen sich als Referate oder als Materialien für ein Lernportfolio.

# VIII.    Literaturhinweise

**In Planung:**

Niklas Discher (Hrsg.): Fremdheitserfahrungen in lyrischen Texten. Lehrerband- Lyrik vom Barock bis zur Gegenwart. Mit Klausuren. ISBN:. Ca. 28,00 EUR.

**Ergänzend empfiehlt sich:**
Niklas Discher (Hrsg.): unterwegs sein. Lyrik vom Barock bis zur Gegenwart. ISBN: 9783746076621. 6,75 EUR.

Niklas Discher (Hrsg.): „unterwegs sein". Ergänzungsband für den Leistungskurs. ISBN:9783752824032. 11,99 EUR.

Niklas Discher: Wie analysiert man ein Gedicht? Deutsch Oberstufe. ISBN: 9783746097442.  10 EUR.

Niklas Discher: Prüfungstraining / Übungsklausuren „unterwegs sein" Zentralabitur NRW. GK/ LK (in Vorbereitung, voraustl. 08/2018). ISBN: 9783752838848.

Außerdem erschienen:
Frank Wedekind: Mit allen Hunden gehetzt. Drama. Hrsg. von Niklas Discher.  64 Seiten.
ISBN: 9783744850520.    Preis: 5,29 EUR



<u>**Anhang:**</u>

**Erläuterung zur Edition:**
**[...] kein Originaltitel vorhanden, erster Vers**
**(o.T.) nicht als selbstständiges Gedicht erschienen**
**(Erscheinungsjahr?/ um) Erscheinungsjahr spekulativ**

**Quellenverzeichnis:**


Andreas Gryphius: Abend [1636]

Friedrich Hölderlin: Die Heimat [1798] Sämtliche Werke, hrsg. von Schmid 1846.

Joseph von Eichendorff: Abschied [1810] u.a. Werke ea.O.

Ludwig Uhland: Abreise [1815] in: Gedichte 1815. (Klett-Cotta)

Bettina von Arnim: Heimat [1820?] ersch. in Günderode 1840? ea.O.

Eduard Mörike : Auf der Reise [1890] in: Gedichte 1838.

Nikolaus Lenau: Abschied. Lied eines Auswandernden [1832/33] in: Schilflieder 1832.

Joseph von Eichendorff: In der Fremde [1833] u.a. Werke ea.O.

Joseph von Eichendorff: Schöne Fremde [1834] u.a. Werke ea.O.

Heinrich Heine: Wo? [1839/40] u.a. in Sämtliche Schriften ea.O.

Franz Grillparzer: In der Fremde [1843] u.a. in Sämtliche Werke 1872. (Klett-Cotta)

Heinrich Heine: Nachtgedanken [1844] u.a. in Sämtliche Schriften ea.O.

Max Hermann- Neiße: Das Feuer brennt nicht mehr [1935/6] s.o.

Nefvel Cumart: zwei Welten. Gedichte Düsseldorf 1996.

Franco Biondi: http://www.hamas.uni-bielefeld.de/lsturmueller/mekotus/sturmueller-zweisprachigkeit.html.

Srdan Keko: Gedichte. ea.O.

Weitere Texte aus gemeinfreien Quellen des Internets.

Stefan George: Rückkehr [1897] in: Das Jahr der Seele 1897.

Julius Sturm: [Aus fernem Land] [1898] https://www.aphorismen.de/suche?f_autor=8642_Julius+Karl+Reinhold+Sturm

Christian Morgenstern: Wohin? [1898] in: Auf vielen Wegen. Gedichte 1898.

Ludwig Jacobowski: nach Hause [1900?] ea.O.

Rainer Maria Rilke: Der Fremde [1918] als digitalisat diverser US.

Rainer Maria Rilke: Der Reisende [1929?] als digitalisat diverser US. Max Hermann- Neiße: Abschiedslied [1928] Gedichte. ea.O. 1996/41.

Max Hermann-Neiße: Angst vor der Fremde [1928] s.o.

Else Lasker-Schüler: Die Verscheuchte [1934?] in: Die Sammlung Nr.7,1934 (hg.: Klaus Mann).

Theodor Storm: Gedenkst du noch? [1857] u.a. in Sämtliche Schriften. 1868. (Braunschweig)

[illegible]